AF338381

LE COEUR ET L'ESPRIT

DE LOUIS XVIII

ET DES BOURBONS,

OU

PRÉCIS HISTORIQUE

DES FAITS PRINCIPAUX ET DES ÉVÉNEMENS REMARQUABLES QUI SE SONT PASSÉS EN FRANCE, ET NOTAMMENT A PARIS, DEPUIS LE 31 MARS 1814, JUSQU'AU 14 MAI DE LA MÊME ANNÉE.

> « Que je suis heureux ! me voilà donc enfin au
> « milieu de mes enfans et de mes amis ! »
>
> LOUIS XVIII.

~~~~~~~~~~

PARIS,

J. G. DENTU, IMPRIMEUR-LIBRAIRE,

Rue du Pont de Lodi, n° 3, près le Pont Neuf ;

Et au Palais-Royal, galeries de bois, n°⁵ 265 et 266.

1814.
~~~~~~~~~~

AVERTISSEMENT.

Il nous paraît indispensable de consigner dans cet Avertissement, les quatre observations que voici : la première, est que madame la duchesse d'Angoulême, fille de Louis XVI et de Marie-Antoinette son auguste mère; *Monsieur,* frère de Louis XVIII; M. le duc d'Angoulême; M. le duc de Berry; Son Altesse Sérénissime Monseigneur le prince de Condé et M. le duc de Bourbon, ont été accueillis avec les mêmes acclamations et la même allégresse, pour ainsi dire, que Louis XVIII, par-tout où ils ont passé ; la seconde, que les réponses de ces illustres personnages aux différens individus qui ont eu l'honneur de les complimenter, ont constamment été aussi heureuses, aussi belles et aussi variées que toutes celles qui caractérisent le cœur et l'esprit de Louis XVIII ; la troisième, que si nous n'en avons fait aucune mention dans cette brochure, ainsi que de toutes celles de Sa Majesté aux mille et mille adresses qu'elle a reçues, depuis le 3 mai, et qu'elle reçoit journellement encore, c'est à cause de leur immense et volumineuse quantité ; la quatrième et la dernière, est que nous ne sommes, en quelque sorte, que l'éditeur de la quatrième et dernière brochure que nous avons tant de plaisir à publier aujourd'hui.

INTRODUCTION.

« La Providence, qui veille aux destinées de notre
« patrie, nous donne enfin un Roi digne d'en
« occuper le trône, et d'en réparer les malheurs:
« ce monarque qui, aux vertus de *Louis XII*, réunit
« le génie de *Montesquieu*, n'oubliera pas qu'une
« fois que l'aurore de la liberté a lui chez un peuple,
« le désir de s'en approprier les bienfaits ne l'aban-
« donne plus. »

*Par M.***, royaliste et non égoïste.*

Lorsque l'Europe, tourmentée, dépeuplée,
ensanglantée pendant vingt-trois ans, respire
enfin de ses épouvantables convulsions; lorsque ses plus puissans Monarques, réunis dans
une diète à jamais célèbre, stipulent une
paix universelle et durable, a en juger du
moins par le serment auguste et solemnel
qu'ils en ont fait; lorsqu'un prince instruit,
pendant vingt-trois ans, à l'école du malheur,
et précédemment, versé dans les sciences
qui embrassent le vaste système des connais-

sances humaines, concilie tous les intérêts,
rallie toutes les opinions, et fait cesser toutes
les entraves qui gênaient le commerce ; lorsque la faux, la terrible faux de la conscription est brisée, et que les pères et mères
n'ont plus à craindre qu'on leur enlève pour
jamais leurs enfans ; lorsque le Corps législatif, le Sénat, la capitale du royaume, les
provinces et la France entière rappellent
Louis XVIII sur le trône de ses illustres
ancêtres ; lorsqu'enfin l'aurore d'une brillante
et durable prospérité luit sur notre horizon ;
quel Français serait assez ennemi de l'espèce
humaine et de lui-même, pour regretter ces
temps désastreux, où, à la barbarie du plus
sanguinaire des tyrans, ont succédé les vexa-
tions du plus absolu des despotes ; où nos
villes et nos campagnes étaient devenues de
vraies casernes, dans lesquelles l'artisan, le
laboureur, le négociant, le citoyen, quel que
fût son état et sa fortune, ne faisaient qu'at-
tendre le signal du ravage de contrées loin-

taines, et de sa propre destruction ; où la veuve, l'octogénaire infirme se voyaient ravir, et sans espoir de retour, jusqu'au dernier soutien de leurs vieux ans ; où l'enfant, parvenu à l'âge de l'adolescence, était enlevé, avant que l'âge lui donnât la force de soutenir le poids de ses armes ; où chaque jour, quelqu'invention nouvelle, venait arracher à la vie paisible celui qui, pour échapper à une mort presqu'assurée, avait fait le sacrifice de sa fortune ; où les ressources de vingt ans étaient dévorées dans une seule campagne ; ces temps enfin où un despotisme perfide nous commandait l'offre de nos vies et de nos biens, pour accroître les fléaux d'une ambition justement en horreur, et dont la Providence a permis enfin que le despote qui en était dévoré, rentrât dans le néant.

Aussi impérieux avec la fille des Césars qu'avec ses visirs, n'avons-nous pas vu Buonaparte ordonner à MARIE-LOUISE, son auguste et trop malheureuse épouse, qu'elle eût à proclamer solemnellement qu'il ne voulait « qu'*une couronne toute couverte de gloire ?* » Ne l'avons-nous pas vu refuser, avec orgueil, le 19 mars dernier, la paix que ses magnanimes vainqueurs avaient la générosité de lui offrir ? Ne l'avons-nous pas vu, enfin, pousser la démence jusqu'à se persuader qu'il irait encore planter son aigle vorace, à travers des monceaux de ruines et des flots de sang, et ce qu'il faut remarquer, à une époque où quatre cent cinquante mille hommes étaient aux portes de Paris.

Dans l'homicide et trompeur espoir de raffermir son trône sur nos cadavres palpitans ou ensanglantés, que fait-il, ce vrai boucher de l'espèce humaine ? il enjoint, sous peine de mort, aux autorités de laisser, par leur retraite, leurs administrés, sans ressource, contre la confusion et le désordre, à l'approche de l'ennemi ; il fait placarder les murs de proclamations cannibales, qui provoquent les citoyens à l'assassinat : il veut

enfin que les vieillards , les femmes , les enfans de l'un et l'autre sexe, s'embusquent ,
jour et nuit , dans les forêts ou sur les mon-
tagnes , à la lueur de leurs habitations et de
leurs chaumières embrasées , pour frapper
et périr, sans espoir de vaincre, sans secours
et sans appui.

Mille et mille actions de grâces soient ren-
dues aux Monarques magnanimes dont la
valeur et la grandeur d'ame ont enfin déjoué
ces abominables complots, par une modération sans exemple dans les annales de
l'histoire.

Quel spectacle admirable et ravissant, de
voir aujourd'hui des peuples , des soldats et
des Rois que , pendant quinze ans , des malheurs de tout genre et des calamités de toute
espèce avaient affligé durant nos éclatantes
victoires, nous rendre ainsi l'ordre , la paix
et la liberté, au prix de leur propre sang !
Ah! rappelons-nous sans cesse, et n'oublions
jamais que , s'ils se sont armés, c'était bien

moins pour nous conquérir, que pour *abattre le Minautaure dévastateur de l'Europe, et ennemi de l'humanité* *. Oui, braves et généreux Français, l'Angleterre, la Russie, la Prusse et la Suède n'ont effectivement pris les armes que pour vous rendre la liberté qui vous avait été si injustement ravie ; réintégrer en même temps Louis XVIII sur le trône de ses ancêtres, et briser les fers dans lesquels gémissent, depuis quinze ans ou environ, deux cent cinquante mille matelots et soldats qui sont nos concitoyens , nos frères et nos amis.

Que de douces larmes nous prépare ce retour tardif, mais inattendu! Pères et mères, vous embrasserez vos enfans, et je jouirai du plaisir de vous voir serrer dans leurs bras, que vous baignerez de vos pleurs ; car

---

* Mille soldats français qui étaient au mois d'octobre dernier dans Berlin , attesteront avec nous , que le Prince Royal de Suède s'est servi, mot pour mot , des expressions ci-dessus soulignées.

la joie a aussi ses larmes : plus de conscription qui vous les arrache, ainsi que je vous l'ai précédemment observé; plus de guerres qui vous en séparent ; plus d'impôts odieux qui dévorent les alimens de vos familles, et le fruit pénible de vos travaux : déjà les bras sont rendus à l'agriculture, le commerce à l'industrie, le bonheur à la France, et la paix au monde. Nos braves militaires qui ont versé leur sang pour la patrie, et dont la nation avait, avant nos nouvelles lois, confirmé les brevets de *chevalier*, de *baron*, de *comte*, de *duc* et de *prince*, gardent leurs honneurs et leurs rangs; ils veilleront pour notre repos, comme ils ont veillé pour notre défense et pour leur gloire : voilà les sentimens, telle est l'intention irrévocable et formelle de Louis XVIII, qui *ne veut régner que par des lois justes, et à l'ombre d'une Constitution sagement combinée, et qui soit en rapport avec les lumières actuelles;* d'un Monarque qui, en posant le premier pas sur le sol français, a dit ces paroles que nous avons choisies pour épigraphe : *Que je suis heureux ! me voilà donc enfin au milieu de mes enfans et de mes amis!* d'un Monarque, enfin, qui, le 10 de ce mois, a donné un nouveau témoignage authentique, et bien cher aux Français, de sa tendresse, lorsqu'il leur a dit : « Vous entendez votre Roi, et il veut à son tour que votre voix lui parvienne, et lui exprime vos besoins et vos vœux ; la sienne sera toujours celle de l'amour qu'il vous porte : les cités les plus vastes, les hameaux les plus éloignés, tous les points du royaume sont également sous ses yeux, et il vous rapproche tous en même temps de son cœur. Il ne croit pas qu'il puisse avoir des sentimens trop paternels pour des peuples dont la valeur, la loyauté et le dévouement à ses rois, ont fait, durant de longs siècles, la gloire et la prospérité. »

D'après cette invitation touchante et vraiment paternelle, livrons-nous à l'espérance, au bonheur, à la joie, et perdons jusqu'au souvenir, helas ! s'il est possible, des troubles, des dissentions, des égaremens, des erreurs, des fautes et des crimes mêmes, dont, pendant vingt-trois ans, nous n'avons cessé un seul jour d'être ou les tristes témoins ou les déplorables victimes.

Intimement convaincu que l'oubli généreux et nécessaire du passé, importe aussi essentiellement au bonheur de la nation, qu'à la gloire du Monarque libéral et magnanime qui la gouverne, je déclare franchement et sans arrière-pensée, que je pardonne, pour mon compte personnel, à ceux qui, depuis 1793, m'ont privé, non-seulement du peu de fortune dont je jouissais, mais encore de ma liberté, ce bien le plus précieux de tous, qu'ils m'ont injustement et si inhumainement ravi, pendant neuf mois entiers et consécutifs ; je déclare en outre, que je pardonne également à tous ces hommes insatiables de richesses, affamés de pouvoirs et dévorés d'ambition, que je crois un million de fois plus à plaindre que moi, tout pauvre, obscur et ignoré que je suis ; je déclare enfin, qu'en passant l'éponge sur les infamies de toute espèce que ces gens-là ont à se reprocher, je consens encore qu'ils conservent la fortune collossale, scandaleuse et criminelle qu'ils ont acquise, pourvu toutefois, qu'au lieu de se qualifier encore de comte, de duc et de prince, on ne voie plus en eux que ce qu'ils étaient avant la révolution, c'est-à-dire, des abbés, des oratoriens, des avocats, des procureurs, des huissiers, etc., etc., etc. ; et sur-tout, qu'ils aient encore assez de pudeur et de bon sens pour savoir que, parce qu'il a plu à Buonaparte, leur *maître* et très-digne MAITRE, de les élever aux plus hautes dignités de son éphémère et despotique Empire, ce ne doit pas être, aujourd'hui, un titre qui puisse ni qui doive les autoriser à siéger au Sénat, avec des *princes*, des *ducs*, et des *comtes* aussi illustres, à tous égards, qu'un prince de *Condé*, un duc de *Bourbon*, un comte de *Duras*, de *Brancas*, de *Polignac*, etc., etc., etc.

Autant les illustres personnages dont je viens de décliner les noms glorieux, auront de plaisir à rapprocher de leurs personnes, des maréchaux, des généraux et des magistrats d'un ordre supérieur, que leur héroïsme, leur génie et leurs vertus auront élevé aux premières dignités du royaume, autant ils repousseront, avec horreur, tous ces machiavels tortueux, tous ces prothées perfides, tous ces caméléons infâmes, qui, après avoir été constamment et sans aucune interruption, pendant vingt-trois ans, les adorateurs de *Robespierre*, les premiers visirs de *Buonaparte* et les complices de l'horrible assassinat du duc d'Enghien, osent remplir encore aujourd'hui les places les plus importantes de l'Etat, sous le règne d'un Monarque aussi éclairé, aussi juste et aussi libéral que Louis XVIII : mais faisons trève aux réflexions qui s'offrent en foule à notre esprit, pour transcrire et extraire fidèlement du *Moniteur* ou journal officiel, les faits et les évènemens que nous allons rapporter.

PRÉCIS HISTORIQUE

DES FAITS ET DES ÉVÈNEMENS

LES PLUS REMARQUABLES

Qui ont eu lieu en France, et principalement à Paris, depui. le 31 mars 1814, jusqu'au 14 mai.

———

« L'homme de lettres qui a le courage de rendre
« compte à ses contemporains et à la postérité des
« évènemens dont lui-même a été le témoin, doit
« commencer, avant que de prendre la plume, par
« purger son ame de toute *crainte* et de toute *espé-*
« *rance :* élevé au-dessus de toutes les considéra-
« tions humaines, c'est alors qu'on plane au-dessus
« de l'atmosphère, et qu'on voit la gloire au-dessus
« de soi : c'est de là qu'on verse l'imprécation et la
« honte sur ceux qui trompent les hommes et sur
« ceux qui les oppriment; c'est de là qu'on laisse
« tomber des larmes sur le génie persécuté, sur
« le talent avili, sur la vertu malheureuse; c'est
« de là qu'on voit la tête orgueilleuse du tyran,
« s'abaisser et se couvrir de fange, tandis que le
« front modeste du juste touche la voute des cieux. »

RAYNAL.

C'EST dans la nuit à jamais mémorable du 30 au 31 mars, que la Providence, qui règle les destinées des peuples et des Rois, résolut, dans les décrets éternels de sa sagesse et de sa justice, de mettre un terme aux calamités de la France, et d'en punir son présomptueux et trop coupable auteur, de la manière la plus terrible, en réintégrant sur le trône de ses ancêtres, *Louis-Stanislas-Xavier,* cet illustre et digne héritier des vertus et du génie de Louis XII et d'Henri IV.

Exécuteur des volontés de l'Etre-Suprême, Louis XVI, frère de notre auguste Monarque, va trouver Buonaparte dans sa tente, le réveille et disparaît (1), après lui avoir prononcé la sentence irrévocable et fulminante que voici:

Tyran descend du trône, et fais place à ton maître.

Plus surpris qu'effrayé d'une menace aussi terrible, Buonaparte se lève, appelle auprès de lui les maréchaux, les généraux et les colonels composant les débris de son armée, et les consulte, *pour la première fois,* sur la question de savoir s'il ne conviendrait pas d'aller porter la guerre en Allemagne, quoique l'ennemi fût aux portes de *sa* capitale ; mais tandis qu'on délibère, quatre cent cinquante mille hommes commandés en personne, par l'empereur des Russies, l'empereur d'Autriche, le Roi de Prusse, et le Prince-Royal de Suède, font le siège de Paris : informés à cinq heures du matin de ce grand évènement, la garde nationale parisienne, et les jeunes élèves des écoles polythecnique et vétérinaire, sous les ordres du vénérable Moncey, maréchal de France, volent et se réunissent, en un clin-d'œil, à nos braves troupes de ligne, avec lesquelles ils rivalisent de valeur et de sang-froid. Déjà ces foudres de bronze que l'enfer semble avoir inventé pour la destruction des humains tonnent, de toutes parts ; bientôt la fusillade s'engage, l'on se bat corps à corps, et nos ennemis, dont la bravoure ne le cède point à la nôtre, ont peine à concevoir comment une armée, forte de quarante mille hommes au plus, ose se défendre, pendant onze heures consécutives, et avec une intrépidité sans exemple, contre quinze cents bouches à feu, cent mille hommes de cavalerie, et trois cent cinquante mille fantassins.

C'est sans doute à cette valeur vraiment héroïque, et à la magnanimité de nos puissans et généreux vainqueurs, que nous fûmes redevables de la capitulation honorable, signée le 31 mars, à deux heures du soir, par toutes les Puissances belligérantes, et en vertu de laquelle le maréchal prince de Schwartzenberg a fait sur-le-champ une proclamation dans laquelle il dit aux Parisiens que « les Souverains alliés cherchent, de bonne foi, une autorité salutaire en France qui puisse cimenter l'union de toutes les nations et de tous les gouvernemens ; que c'est à la ville de Paris qu'il appartient, dans les circonstances actuelles, d'accélérer la paix du monde, et qu'enfin la conservation et la tranquillité de Paris seront l'objet des soins et des mesures que les alliés s'offrent de prendre avec les autorités et les notables qui jouissent le plus de l'estime publique, et qu'aucun logement militaire ne pèsera sur la capitale. »

Le premier avril, l'empereur Alexandre déclare, au nom des Puissances alliées, « qu'il faut que, pour le bonheur de l'Europe, la France soit grande et forte ; qu'il invite le Sénat à désigner un Gouvernement provisoire qui puisse pourvoir aux besoins de l'administration, et préparer la Constitution qui conviendra au peuple français. »

Le même jour, à trois heures après-midi, le prince de Bénévent, vice-grand électeur, va au Sénat, s'en constitue le président et lui rappelle, en cette qualité, les propres expressions de l'empereur Alexandre : soumis et docile à sa voix, le Sénat arrête aussitôt que MM. de *Talleyrand*, ès-noms et qualités que dessus, *Beurnonville*, *Jaucourt*, *Dalberg Montesquieu*, sont membres du Gouvernement provisoire.

M. de Talleyrand déclare ensuite que l'un des premiers soins du Gouvernement devant être la rédaction d'un projet de Constitution, les membres du Gouvernement provisoire, lorsqu'ils s'occuperont de cette rédaction, en donneront avis à tous les membres du Sénat, qui sont invités à concourir de leurs lumières, à la perfection d'un travail si important.

Le 2 avril 1814, à neuf heures et demie du soir, M. Barthélemy, président du Sénat, annonce au Gouvernement provisoire que le Sénat le prie de faire connaître au peuple français que, par un décret rendu dans sa séance de ce jour, il a déclaré la déchéance de l'empereur Napoléon et de sa famille, et délie en conséquence le peuple français et l'armée du serment de fidélité.

Le même jour, et dans la même soirée, le Sénat se transporte chez l'empereur Alexandre, qui, après en avoir reçu le trop juste tribut de reconnaissance, de respect et d'ad-

miration , dit, en propres termes au Sénat :
« Messieurs, je suis l'ami du peuple français :
ce que vous venez de faire, en prononçant la
déchéance de Buonaparte, redouble encore ce
sentiment. Il est juste , il est sage de donner
à la France des institutions fortes et libérales
qui soient en rapport avec les lumières actuelles : mes alliés et moi , nous ne venons que
protéger la liberté de vos décisions. » L'empereur Alexandre s'est arrêté un moment , et
Sa Majesté a repris , avec la plus touchante
émotion : « Pour preuve de cette alliance durable que je veux contracter avec la nation
française , je lui rends tous les prisonniers
qui sont en Russie ; le Gouvernement provisoire me l'avait demandé , je l'accorde au
Sénat, d'après les résolutions qu'il a prises
aujourd'hui. »

Le même jour, 2 avril, le Gouvernement
provisoire fait une adresse aux armées, qui
certes fait l'éloge de l'esprit de ses rédacteurs ;
car j'avoue ingénument qu'après les proclamations, déclarations et réponses de l'empereur
Alexandre , de *Monsieur,* de Louis XVIII,
et l'*adhésion* énergique du brave et vertueux
Roger, je n'a jamais rien lu, depuis deux mois,
de plus beau, ni qui m'ait fait plus de plaisir.

Le 3 avril, le Sénat arrête de consacrer, dans ses registres, la réponse libérale et sublime de l'empereur Alexandre.

Le même jour, la municipalité de Paris, au lieu de féliciter l'empereur Alexandre et les rois, ses alliés, sur leur conduite généreuse et magnanime, fait une affiche ou plutôt une diatribe virulente contre le même homme à qui elle était redevable des honneurs dont elle était investie, et dont volontiers elle eût fait un dieu deux ou trois heures avant sa chute.

Dans la même journée, le Corps législatif qui, quatre mois auparavant, avait poussé l'héroïsme de la vertu jusqu'à braver l'exil, les fers et la mort, pour mettre un frein au despotisme de Buonaparte, le Corps législatif, dis-je, considérant que l'ex-Empereur des Français a violé le pacte social, adhère à l'acte du Sénat, reconnaît et prononce également la déchéance de Napoléon Buonaparte et des membres de sa famille.

Le 5 avril, le Gouvernement provisoire arrête que tous les emblêmes, chiffres et armoiries qui ont caractérisé le gouvernement de Buonaparte, seront supprimés et effacés par-tout où ils peuvent exister : il arrête en outre, qu'aucune adresse, proclamation, feuille publique ou écrit particuliers ne contiendront d'injures ou expressions outrageantes contre le gouvernement renversé, la cause de la patrie étant trop juste, dit le Gouvernement provisoire, pour adopter aucun des moyens odieux dont il s'est servi.

Le même jour, le Gouvernement provisoire fait une proclamation au peuple français, admirable, sans doute, sous les rapports du génie, de l'éloquence et même de la vérité, mais qui cesse d'avoir le moindre prix à mes yeux, puisque, par faiblesse, par crainte, par avarice, par orgueil et par ambition, il n'a pas voulu, ou n'a pas osé la publier à une époque où elle eût dessillé les yeux de Buonaparte et fait le bonheur de la France.

C'est encore dans cette même journée du 5 avril, que le Gouvernement provisoire présente son projet de Constitution au Sénat, qui nomme une commission pour la forme; je dis pour la forme, et certes, je ne puis m'exprimer dans d'autres termes sans mentir à la vérité et à ma propre conscience, puisque le *Moniteur*, journal officiel, et le seul conséquemment auquel on puisse s'en rapporter pour l'authenticité des nouvelles et la vérité des faits, ajoute « qu'à huit heures du soir la discussion a été ouverte et adoptée à l'unanimité (2). »

Le 6 avril, le Sénat décrète le projet du nouveau Pacte social, composé de vingt-neuf articles, qui lui a été présenté par le Gouvernement provisoire.

Le 8, le Gouvernement provisoire déclare et fait connaître à toutes les autorités, que tout ce qui a été ou aurait été fait au nom et par ordre de Napoléon Buonaparte, postérieurement à sa déchéance prononcée par le Sénat, est nul, et doit être regardé comme non avenu.

Le 9, le Gouvernement provisoire arrête que la libre circulation des lettres et journaux doit être maintenue et respectée.

Le même jour, il arrête que la garde nationale de Paris sera tenue d'arborer la cocarde blanche.

Le 11, Buonaparte déclare qu'il renonce, pour lui et ses héritiers, aux trônes de France et d'Italie, et qu'il n'est aucun sacrifice personnel, même celui de la vie, qu'il ne soit prêt à faire à l'intérêt de la France.

Le même jour, l'Institut offre l'hommage de son profond respect à l'empereur Alexandre,

qui improvise à l'instant cette belle réponse :
« Messieurs, j'ai toujours estimé les progrès
que les Français ont fait dans les sciences et
dans les lettres ; ils ont fortement contribué
à répandre les lumières sur l'Europe ; *je ne
lui impute point les malheurs de leur pays*
et je mets un extrême intérêt au rétablisse-
ment de leur liberté : être utile aux hommes
est le seul but de ma conduite ; je n'ai été
amené en France par aucun autre motif. » Plus
on réfléchit sur une pareille réponse, et plus
on la trouve pleine de grâce, d'honnêteté, de
franchise, de grandeur et de haute philosophie.

Le 12 avril, les Parisiens, affamés du besoin
de revoir Louis XVIII, et tous les augustes
membres de la famille des Bourbons, se précipitent en foule au devant de S. A. R. Mg.
le Comte d'Artois, frère de Louis XVIII,
qui enfin est rendu à leur impatience et à leurs
vœux. C'est en leur nom que S. A. S. le prince
de Bénévent et les autres membres du Gouvernement provisoire, précédés des grands
maîtres des cérémonies, harangue ainsi S. A.
R. : « Monseigneur, le bonheur que nous
éprouvons en ce jour de régénération, est au-
delà de toute espérance, si *Monsieur* reçoit,

avec la bonté céleste qui caractérise son auguste Maison, l'hommage de notre religieux attendrissement et de notre dévouement respectueux. »

Il faut l'avouer, autant ce discours nous a paru faible et guindé (qu'on me pardonne cette expression), autant la réponse de *Monsieur* est franche, spirituelle, sentimentale, et semblable, en un mot, à toutes celles de l'empereur Alexandre, que nous avons précédemment rapportées. «MM. les Membres du Gouvernement provisoire, leur a dit *Monsieur*, je vous remercie de ce que vous avez fait pour notre patrie : j'éprouve une émotion qui m'empêche d'exprimer tout ce que je ressens. Plus de divisions ; la paix et la France : je la revois enfin, et rien n'est changé, si ce n'est qu'il s'y trouve un Français de plus. » Ou je ne m'y connais pas, ou ces derniers mots : *Rien n'est changé, si ce n'est qu'il s'y trouve un Français de plus,* sont si sublimes, sous quelque face qu'on les envisage, et sous quelque rapport qu'on les considère, qu'il n'y a véritablement qu'un Louis XVIII, un *Monsieur,* un duc d'Angoulême, un duc de Berry et un prince de Condé, un duc de Bourbon et un fils du duc d'Orléans, qui soient capables d'en concevoir de semblables.

Le 14 avril 1814, le Gouvernement provisoire fait une seconde adresse à l'armée, dans le sens de la première et aussi belle.

Le même jour, à huit heures du soir, le Sénat, présidé par un grand personnage plein d'esprit, d'adresse et de moyens, offre à *Monsieur* l'hommage de son respectueux dévouement, et lui défère le gouvernement provisoire de la France, sous le titre de *Lieutenant-général du royaume*, en attendant que *Louis-Stanislas-Xavier* de France, appelé au trône de France, ait accepté la charte constitutionnelle. — *Monsieur* répond qu'il a pris connaissance de l'acte constitutionnel qui rappelle au trône de France le Roi, son auguste frère, qu'il n'a point reçu de lui le pouvoir de l'accepter ; mais qu'il connaît ses sentimens, ses principes, qu'il ne craint pas d'être désavoué en assurant, en son nom, qu'il en admettra toutes les bases qui lui paraîtront essentielles et nécessaires pour consacrer tous les droits, tracer tous les devoirs, assurer toutes les existences, et garantir notre avenir (3) ; qu'il ne peut plus y avoir parmi nous qu'un sentiment ; qu'il ne faut plus se rappeler le passé ; qu'on ne doit plus former qu'un peuple de frères ; et qu'enfin pendant le temps qu'il aura entre les mains le pouvoir, temps qui sera très-court, ainsi qu'il l'espère, il emploira tous ses moyens à travailler au bien public. — A la manifestation de ces principes libéraux et touchans, un des membres s'étant écrié : « C'est vraiment le fils d'Henri IV ! » *Monsieur* a répondu : « Son sang coule, en effet, dans mes veines ; je désirerais en avoir les talens ; mais je suis bien sûr d'avoir son cœur et son amour pour les Français. »

. Après le Sénat, les membres du Corps législatif haranguent S. A. R., et lui font un discours dans le sens de celui des précédens orateurs, auquel *Monsieur* répond dans ces termes précieux et bien remarquables : «Messieurs, nous sommes tous Français, nous sommes tous *frères :* le Roi va arriver au milieu de nous ; son *seul* bonheur sera d'assurer la prospérité de la France, et de faire oublier tous les maux passés. Ne songeons plus qu'à l'avenir : je vous félicite, Messieurs du Corps législatif, de votre courageuse résistance à la tyrannie, dans un moment où il y avait un grand danger ; enfin nous voilà tous Français. »

Le 16 avril, *Monsieur,* lieutenant-général du royaume, a nommé membres du conseil d'état provisoire, MM. le prince de *Bénévent*, le duc de *Conegliano*, maréchal de France, le duc de *Dalberg*, le comte de *Jaucourt*, sénateur, le général comte de *Beurnonville*, sénateur, le général *Dessoles* et le baron de *Vitrolles*, secrétaire d'état provisoire et secrétaire du conseil.

Le 18 avril, la Cour de cassation est admise à l'audience de *Monsieur*, qui, en réponse au discours de M. Muraire, président, lui dit que « les lois doivent être exécutées ; que les *citoyens* doivent leur obéir, et que le Roi donnera lui-même l'exemple de cette soumission qui est le principe de l'indépendance des tribunaux, principe gravé dans le cœur de Louis XVIII, comme dans celui de tous les membres de la famille royale. »

Le 19, *Monsieur*, lieutenant-général du royaume, « ayant été informé que le chef vénérable de l'église, en même temps qu'il avait été dépouillé de plusieurs insignes et ornemens, et même des sceaux servant à l'exercice du souverain pontificat ; que ces objets se trouvaient en dépôt à Paris, et désirant, par la promptitude d'une trop juste restitution, manifester au Saint-Père, son zèle, son dévouement, et prouver à l'Europe et à la chrétienté combien les excès passés ont été et sont loin de sa pensée, de son cœur, de la pensée et du cœur des Français, arrête que les insignes ornemens, sceaux, archives et généralement tous les objets à l'usage de S. S. pour l'exercice du souverain pontificat, qui se trouvent actuellement à Paris, ou se trouveraient dans d'autres lieux du royaume, seront sur-le-champ mis à la disposition de S. S.; qu'elle sera priée d'en agréer la restitution, et que le commissaire provisoire des départemens de l'intérieur et des cultes, est chargé de l'exécution du présent arrêté. »

Le 22 avril, le conseil de l'Université de France est admis à l'audience de S. A. R. M. de Fontanes, grand-maître de l'Université, adresse un discours à S. A. R., à qui *Monsieur* fait cette réponse ingénieuse, spirituelle et fine, dont M. le grand-maître, et le très-*grand* flagorneur de Buonaparte, a dû sentir mieux que personne le sel épigrammatique : « Je suis sensible, Monsieur, aux sentimens que vous m'exprimez : l'instruction est le premier besoin des Empires. Le Roi, mon auguste frère, n'en doutez pas, soutiendra vos efforts: il connaît le prix des bonnes lettres (4) qui ne peuvent fleurir qu'avec les bonnes mœurs. » .

Le 23 avril, S. A. R., à qui rien n'échappe de ce qui est juste, et dont la maxime *homo sum et nihil ame alienum puto*, constitue essentiellement l'ame, le caractère et l'esprit, *Monsieur*, ordonne que « toutes les poursuites judiciaires pour faits et délits relatifs à la conscription sont annullées, et qu'en conséquence tous les individus détenus dans les prisons, ou dans les différens bagnes du royaume, pour les mêmes causes, seront sur-le-champ mis en liberté. »

Le 25, S. A. R. « voulant consacrer le souvenir de la courageuse résistance que les habitans de l'ouest ont long-temps opposée au renversement du trône et de l'autel, résistance dont son cœur a été douloureusement touché, tant par la fidélité persévérante de ces braves Français, que par les maux déplorables qu'elle a attirés sur leurs provinces, décrète que la ville ci-devant appelée *Napoléon*, prendra le nom de Bourbon-Vendée. »

Le 26 avril, S. A. R. « prenant en considération que les heureux changemens dans

l'état politique de l'Europe , et le rétablis-
sement des relations commerciales de la
France avec les nations voisines, rendent inu-
tiles les cours prévôtales et les tribunaux des
douanes; considérant en outre que ces cours
et ces tribunaux peuvent être supprimés sans
l'intervention de la puissance législative, parce
qu'ils n'ont été établis que par un simple décret du 18 octobre 1810, ordonne que les
cours prévôtales et les tribunaux des douanes
établis par le décret ci-dessus cité , seront
supprimés ; et qu'en conséquence , à compter
du jour de la publication du présent arrêté ,
les affaires criminelles et de police relatives
aux douanes, et celles actuellement pendantes
devant lesdites cours et tribunaux , seront
portées devant les juges qui avaient droit d'en
connaître avant le 18 octobre 1810. »

Le 27 avril, S. A. R. « déclare qu'elle n'entend pas préjuger ce que le Roi son frère , *du
consentement de la nation*, pourrait ajouter
de modifications à la perception des droits
réunis ; mais que, d'après la connaissance in-
time et parfaite de ses intentions paternelles
pour le soulagement de la nation, il avait
cru devoir retrancher tout ce que cet impôt
a de plus vexatoire , et le rendre , autant qu'il

est en lui, supportable au peuple ; en conséquence, *Monsieur* a non-seulement aboli tout
ce que la perception des droits dont il s'agit
avait d'odieux, mais encore les a modifiés,
non pas à la manière de Buonaparte, mais
comme un bon Roi qui veut être l'idole,
le père et l'ami des citoyens qu'il gouverne,
c'est-à-dire que S. A. R. a' réduit les droits
en question à un sixième, un cinquième,
un quatrième, un tiers, et quelquefois à
moitié, pour certains droits.

Ici se terminent les proclamations, déclarations, ordonnances et réponses faites par
Monsieur, en sa qualité de lieutenant-général
du royaume ; autant nous avons eu de plaisir
à les extraire du journal *officiel,* et à les rapporter fidèlement dans cette brochure, autant nous éprouverons de satisfaction à mettre
sous les yeux de nos lecteurs tout ce qu'a
pensé, dit, écrit, répondu et ordonné Louis
XVIII, depuis le 26 avril, jour où Sa Majesté
a débarqué à Boulogne, jusqu'au 26 mars
présent mois.

Trop heureux Boulonais qui avez été les
premiers à voir, à entendre et à admirer
notre bon Roi, félicitez-vous-en, rien n'est
plus naturel et plus juste ; mais ne croyez

pas que ce soit un titre, pour que ce Monarque vous soit plus cher qu'aux autres
citoyens et habitans du royaume, puisqu'il
les rapproche tous également de son cœur.

Si je me bornais à rapporter ici froidement
sans ame et sans mémoire, les détails que tout
le monde a pu lire dans le *Moniteur* du 1er de
ce mois, je dirais que la foule était si considérable, qu'il n'y avait plus de place sur la route
que pour le passage des voitures ; que M. le
maire s'étant approché du carrosse du Roi, a
eu l'honneur de lui adresser un discours fort
éloquent et même assez sentimental, en lui
présentant les clefs de la ville ; je dirais que
Sa Majesté a répondu au maire de Boulogne
avec une bonté si touchante, qu'aussitôt l'air
a retenti des acclamations de *vive le Roi !
vive Louis le Désiré ! vive madame la duchesse d'Angoulême ! vivent tous les Bourbons !* je dirais qu'aussitôt les habitans de Boulogne ont dételé les chevaux de la voiture de
Sa Majesté, et l'ont conduite à la cathédrale,
où tout était préparé pour le *Te Deum ;* et
qu'après la cérémonie, elle a été reconduite,
de la même manière, à l'ancien hôtel du préfet
maritime ; je dirais que Sa Majesté a reçu ensuite les députations des villes voisines, et les

hommages des personnes les plus distinguées de la ville et des environs, et que tout le monde s'est retiré enchanté de la bonté et de l'affabilité du Roi ; je dirais que, dès le grand matin, le public attendait avec impatience le moment de voir Sa Majesté, qui a paru plusieurs fois à la fenêtre, pour répondre à l'empressement du peuple ; je dirais que la ville d'Abbeville, jalouse de complimenter Louis XVIII à son arrivée sur le territoire de France, et de supplier Sa Majesté de vouloir bien séjourner dans ses murs, a nommé à cet effet une députation à qui Louis XVIII a répondu avec autant de sensibilité que de noblesse : « Je vous remercie, Messieurs, des sentimens que vous m'exprimez au nom des Abbevillois ; j'avais devancé le désir que vous manifestez ; j'y séjournerai demain, vous pouvez en assurer les habitans ; » je dirais que le Roi est parti à neuf heures du matin pour se rendre à Abbeville ; et que l'instant du départ, comme celui de l'arrivée, a été annoncé par des salves d'artillerie ; mais ce que je ne dirais pas, puisque le *Moniteur* a gardé le plus profond silence à cet égard, et ce que je désirerais qu'on pût apprendre, non-seulement à la France, mais à l'Europe et à l'univers entier, c'est qu'en se voyant entouré d'une foule immense de citoyens qui faisaient retentir l'air de *vive notre bon Roi! vivent tous les Bourbons!* Louis XVIII, attendri jusqu'aux larmes, leva les yeux au ciel, porta la main sur son cœur, et dit avec cette émotion touchante qu'il est bien plus facile de sentir que d'exprimer : *Que je suis heureux! me voilà donc enfin au milieu de mes enfans et de mes amis!*

D'après cette omission, qu'il nous a paru essentiel de réparer, je vais transcrire fidèlement la réponse qu'a faite Louis XVIII au baron *Obert*, général en chef à Calais : « J'ai toujours admiré, a-t-il dit, ainsi qu'à l'état-major du corps d'armée et une députation d'officiers généraux pour recevoir le Roi à son arrivée en France; j'ai toujours admiré votre courage et votre valeur; comme un bon Français, j'ai partagé la joie que causaient vos brillans succès à la France; comme Roi, je suis fier de commander d'aussi braves troupes; et si, ce que je suis loin de croire, nous étions dans le cas d'avoir la guerre, soyez certains que je me ferais porter à votre tête, et que je partagerais vos dangers : comptez toujours sur ma tendre émotion et ma sollicitude paternelle pour les braves qui composent nos armées. » Mais voyons Louis XVIII réaliser les promesses qu'il a faites aux Abbevillois, si dignes de voir ce Monarque, par l'amour qu'ils lui portent, et la franchise qui fait la base de leur caractère.

C'est le 28 avril, sur les cinq heures du soir ou environ, que nos francs Picards ont le bonheur de voir et de contempler tout à leur aise leur bon Roi, qui entre dans leur ville au bruit du canon, au son de toutes les cloches, et au milieu des applaudissemens les plus vifs et des cris de *vive le Roi! vive la duchesse d'Angoulême! vivent les Bourbons!* mille et mille fois répétés par une foule innombrable de personnes accourues dans la ville et de tous les points de la Picardie, qui, simultanément, détèlent les chevaux de Sa Majesté, se précipitent et se disputent à l'envi à qui la conduira jusqu'à la cathédrale.

Parvenu au portail de l'église, le Roi descend de voiture et est reçu sous le dais qui le précédait depuis les portes de la ville. Il se place avec madame la duchesse d'Angoulême, et tous les seigneurs et dames qui l'accompagnaient, dans le chœur, où des prie-dieu leur avaient été préparés. Un curé, plus qu'octogénaire, les complimente, et bientôt on entend un *Te Deum* solennel, suivi d'un *Domine salvum fac Regem*.

Le Roi, ayant fait sa prière, se replace sous le dais, et est reconduit jusqu'à la porte de l'église, au milieu d'une multitude de personnes qui se pressaient sur son passage. Etant remonté dans sa voiture, il se rend au palais qui lui avait été préparé : tous les corps ont l'honneur de lui présenter leur respectueux hommage. Le Roi s'entretient avec eux d'un ton si affable et si bon, qu'ils sortent émus jusqu'aux larmes, et pénétrés d'admiration pour l'accueil touchant et paternel qu'ils en ont reçu.

Pendant le dîner du Roi, où plusieurs personnes ont eu le plaisir de voir Sa Majesté et son auguste famille, une musique harmonieuse et sentimentale, s'il est permis de s'exprimer ainsi, fait entendre et répète à plusieurs reprises les airs si chéris des Français, tels que : *Oh Richard! oh mon Roi! Où peut-on être mieux qu'au sein de sa famille,* etc., etc.

Le Roi se retire ensuite dans ses appartemens; le calme le plus profond règne dans le palais, dont la garde intérieure est confiée aux officiers de la garde nationale, concurremment avec ceux de la garde d'honneur : chacun se livre alors, dans les rues, à l'allégresse universelle, et jouit d'une illumination générale et spontanée qui permettait de lire une foule de devises ingénieuses et des plus attendrissantes.

Le 29, à huit heures du matin, le Roi sort de ses appartemens, et reçoit toujours avec la même bonté, les diverses corporations qui ont l'honneur de lui offrir, chacune, un présent analogue à leur état. A dix heures précises, S. M. monte en voiture, et prend la route d'Amiens : elle trouve sur son passage la même affluence de monde, et entend les mêmes acclamations, les mêmes cris d'allégresse auxquels se mêlent néanmoins l'expression du chagrin qu'éprouvent les Abbevillois, d'être privés aussi vîte de la présence de leur Roi, qui, avec beaucoup de sensibilité, leur dit : « Mes enfans, mes bons amis, croyez bien que je partage vos regrets, et du plus profond de mon cœur. »

Comme on conçoit aisément que Louis XVIII et sa famille auguste ont reçu, par toutes les villes du royaume qu'ils ont traversées, les mêmes honneurs qu'à Boulogne, Abbeville, Amiens et autres cités, nous nous bornerons à recueillir et à rapporter les belles réponses que la bonté de son cœur, la franchise de son caractère, et l'immense étendue de ses connaissances vastes et profondes lui rendent si familières. Cette tâche nous sera d'autant plus agréable à remplir, que le sentiment qui domine Louis XVIII, et auquel Sa Majesté revient sans cesse avec un nouveau plaisir, c'est qu'il est le père des Français, et que sa seule ambition est de faire le bonheur de ses enfans.

« Messieurs, dit le Roi aux députés de l'Académie d'Amiens, continuez à vous occuper de travaux qui, dans mon exil, ont été mon délassement. » Quelles paroles dans la bouche d'un Roi !

En parlant aux juges, Louis XVIII s'exprime dans ces termes non moins remarquables : « Continuez, Messieurs, à faire exécuter les lois et à rendre la justice; c'est le premier besoin des peuples, et le premier devoir des Rois. »

M. de Savennes vient-il, au nom de tous les maires de la province de Picardie, offrir à Louis XVIII les hommages et les cœurs des bons et francs Picards, où par parenthèse je me félicite d'avoir été nourri, ce Monarque lui répond : « M. le maire, dites aux bons Picards combien je suis sensible aux sentimens que vous m'exprimez en leur nom, et qu'en tout temps leur bonheur sera l'objet constant de ma sollicitude paternelle.

Mais l'instant approche où les braves Compiénois vont recueillir le fruit de la courageuse résistance avec laquelle ils ont su repousser l'ennemi de leurs murs. Déjà l'on voit sur les visages, dans l'attente de Sa Majesté, un certain mélange d'étonnement, d'amour et de respect ; des courriers se succèdent d'heure en heure : tout-à-coup on bat aux champs : une voiture attelée de six chevaux entre dans la cour où se trouvaient rangés , sur deux lignes, des soldats suisses et les gardes nationaux de Compiègne. La voiture s'arrête devant le perron : on l'entoure de toutes parts ; on en voit descendre, non le Roi, mais un illustre guerrier, dont le front vénérable est toujours ceint des lauriers de la victoire ; à ce portrait on devine aisément son Altesse Sérénissime M. le prince de Condé, soutenu de M. le duc de Bourbon , ces illustres vainqueurs de Rocroi, si braves, si malheureux et si dignes à tous égards de jouir enfin d'un bonheur pur, inaltérable et sans mélange.

Enfin, le Roi lui-même arrive, et son carosse était précédé des généraux et des maréchaux de France qui étaient allés au-devant de Sa Majesté : ce n'a plus été des cris de *vive le Roi !* mais des clameurs confuses dans lesquelles on ne distinguait plus que les accens de l'attendrissement et de la joie. Quand le Roi est descendu de sa voiture, soutenu par Madame la duchesse d'Angoulême, la France a cru revoir son père : ni le Roi, ni la duchesse, ni les maréchaux, ni les soldats ne pouvaient parler ; on ne s'exprimait que par des larmes ; les moins attendris crioient *vive le Roi! vive notre père!* et c'est tout ce qu'ils pouvaient dire.

A huit heures du soir, on sert le dîner : le Roi, Madame la duchesse d'Angoulême, M. le prince de Condé, M. le duc de Bourbon, MM. les maréchaux et généraux, les gentilshommes de service auprès du Roi, les dames de Madame la duchesse d'Angoulême, madame de Montboissier, fille de M. de Malesherbes, ce magistrat au-dessus de tout éloge par son génie, son héroïsme et ses vertus, et quelques autres personnes de distinction, invitées par ordre de S. M., étaient à table ; la foule était si grande dans le salon, que l'on pouvait à peine servir. Au commencement du repas, le Roi a dit à MM. les maréchaux de France : « Messieurs, je vous envoie du « wermouth ; je veux boire avec vous aux « armées françaises. »

On devine aisément que MM. les maréchaux auraient désiré qu'il leur eût été permis de répondre à l'instant par la santé du Roi ; mais retenus par un sentiment de respect, ils l'ont portée en silence, et en regardant Sa Majesté et son auguste famille.

Après le dîner, MM. les maréchaux de France suivent et accompagnent, dans un salon voisin, Sa Majesté, qui leur dit : « J'espère que la France sera désormais assez heureuse pour n'avoir plus besoin de vos talens ; mais dans tous les cas, reprend le Roi avec une dignité noble qui rappelait le petit-fils d'Henri IV, tout goûteux que je suis, je viendrai me mettre à votre tête. » Sire, répondent d'un ton respectueux et martial MM. les maréchaux de France, « que votre Majesté nous considère comme les colonnes de son trône, nous désirons d'en être le plus ferme soutien. »

On sait que le Roi réunit aux connaissances les plus vastes, la mémoire la plus heureuse,

et rien ne le prouve mieux que les particula-
rités que voici : En voyant marcher avec difficulté le maréchal Lefébure, un peu tour-
menté par la goûte, Sa Majesté lui dit en
souriant : « Eh bien, maréchal, est-ce que
vous êtes des nôtres ? » Le Roi dit ensuite au
maréchal Mortier : « M. le maréchal, lorsque
nous n'étions pas amis, vous avez eu pour la
Reine, mon épouse, des égards qu'elle ne
m'a point laissé ignorer ; et je m'en souviens
aujourd'hui. S'adressant au maréchal Marmont:
Vous avez été blessé en Espagne, lui a dit le
Roi, et vous avez failli perdre un bras ? » Oui,
Sire, répond le maréchal ; mais je l'ai retrouvé pour le service de votre Majesté. Les
maréchaux Magdonal, Ney, Moncey, Ser-
rurier, Brune, le prince de Neufchâtel, tous
les généraux, toutes les personnes présentes
ont obtenu pareillement du Roi, les paroles
les plus affectueuses, et il n'y avait point de
cœur qui ne fût subjugué. Louis XVIII sans
armes pouvait dire, comme on l'a dit d'Henri
IV, qu'il régnait sur la France

Et par droit de naissance et par droit de conquête.

On entendait de tous côtés : « Il verra
« comme nous le servirons ; nous som-

« mes à lui pour la vie : plus de factions, plus
« de partis, tous pour Louis XVIII et ses au-
« gustes successeurs. » Telle est en France,
comme en Angleterre, en Espagne et chez
toutes les nations *véritablement* libres, la
force du Monarque, cette magie attachée au
nom de Roi. Il arrive, ce bon Roi, seul, pour
ainsi dire, dépouillé de tout, n'ayant rien à
donner, presque rien à promettre ; il descend
de sa voiture, appuyé sur le bras de son ado-
rable nièce; il se montre à des capitaines qui
ne l'ont jamais vu, à des grenadiers qui sa-
vaient à peine son nom. Quel est ce mortel,
ou plutôt ce génie bienfaisant et tutélaire ?
C'est le fils de Saint-Louis, c'est le Roi, c'est
le père, c'est l'idole des Français. Tout tombe
à ses pieds ; l'armée, les grands, le peuple, un
million de soldats, tous les Français, en un
mot, brûlent de l'avoir pour Roi, et de mourir,
s'il le faut, pour le maintenir à jamais sur le
trône, lui et ses augustes successeurs.

Les habitans de Fontainebleau ayant été informés qu'ils auraient aussi le bonheur de pos-
séder Louis XVIII dans leur cité, se portent
au-devant de lui, ayant à leur tête le maire de
la ville, le second adjoint et M. Huc, membre
du conseil municipal, frère de ce prêtre esti-

mable et courageux qui n'a pas quitté Louis XVI, et que ce bon Roi recommanda à la loyauté française. A Fontainebleau comme partout ailleurs, les citoyens et habitans de cette cité, de tout sexe, de tout âge, de tout état, de tout rang, témoignent à Sa Majesté combien ils s'estiment heureux de jouir de sa présence et de la contempler tout à leur aise.

Mais, enfin, Louis XVIII arrive aux limites du département de la Seine : le préfet, le secrétaire général, les maires, les adjoints, les juges de paix, les membres des conseils municipaux et le clergé des communes environnantes, s'y étaient réunis ; tous les citoyens et habitans du canton s'étaient portés sur ce point dans l'espérance de voir leur Roi : ces apprêts simples, éloignés de toute prétention, n'en étaient que plus touchans ; c'étaient des enfans qui attendaient leur père, et dont les vœux devaient bientôt être exaucés : on aperçoit la voiture du Roi ; le préfet s'en approche. Ah ! avec quelle émotion les regards cherchaient à reconnaître les traits de ce Monarque auguste ! Le temps les a respectés ; mais combien cette émotion redoublait encore en voyant assise, à côté du Roi, cette belle princesse qui nous est si chère, hélas ! à tant de

litres, et qui sera désormais l'orgueil et le
bonheur de la France. Le discours éloquent et
sentimental de M. le préfet, couvert d'applaudissemens mérités, et interrompu à chaque
seconde par l'expression de la joie publique,
n'a pu peindre que faiblement à Sa Majesté
toute l'ivresse que sa présence inspirait.
Quelles preuves plus grandes pourrions-nous
en donner, que cet heureux désordre qui
régnait alors ! Magistrats, ecclésiastiques, citoyens, militaires, tous se pressaient à l'envi
autour du char qui portait les destinées de la
France : le Roi prenait alors véritablement
possession de la capitale, puisqu'il rentrait sur
le territoire du département de la Seine : sensible aux témoignages libres et spontanés d'un
amour qui ne se commande pas, Louis XVIII,
attendri jusqu'aux larmes, jouissait en père,
plutôt qu'en Monarque, de la tendre émotion
et du bonheur inaltérable qu'éprouvaient ses
enfans à son aspect : les cris mille fois répétés
de *vive le Roi! vive notre père!* permettaient
à peine d'entendre les réponses affectueuses et
paternelles de Sa Majesté, dont l'émotion
ajoutait encore à la douceur d'un spectacle
aussi touchant. C'est au milieu de la foule qui
se pressait alors autour de sa voiture, que le

Roi a fait son entrée dans la ville de Saint-Denis, où il a été reçu par les autorités civiles et militaires, ayant le maire à leur tête. Lorsque Sa Majesté a quitté Saint-Denis pour se rendre à Saint-Ouen, où elle devait coucher, c'était un coup-d'œil bien attendrissant de voir ces bons villageois s'en retourner dans leurs foyers, heureux d'avoir contemplé les traits de leur bon Roi et de remporter dans leurs hameaux, l'espoir du bonheur et de la paix, que les Bourbons doivent à jamais fixer parmi nous.

A six heures moins un quart, Louis XVIII arrive au château de Saint-Ouen; il reçoit les félicitations et les hommages du Corps législatif, du Sénat, des Ministres, du Conseil d'Etat, de Messieurs les Maréchaux de France, de la Cour de Cassation, de la Cour Royale, de la Cour des Comptes et de l'Université qui, en témoignant au Roi le plaisir respectueux et pur qu'ils éprouvent à le voir, ajoutent combien ils s'estiment heureux de pouvoir confondre leurs sentimens à ceux du peuple, et à venir comme lui déposer au pied du trône le témoignage de leur respect et de leur amour.

Louis XVIII ayant su que le projet de Constitution imaginé, rédigé, proposé et pré-

senté au Sénat par le Gouvernement provisoire, et répandu, par parenthèse, avec une
profusion scandaleuse et répréhensible, avait
porté la douleur, la consternation et l'effroi
dans toute la France, et même que dans plusieurs villes on en avait fait une justice écla-
tante.(5); Louis XVIII., jaloux, en bon père,
de rassurer ses enfans de la manière la moins
équivoque et la plus authentique, passe une
partie de la nuit, à poser les premières bases
d'un nouveau Pacte social que nous allons
consigner en entier dans cette brochure, quoi-
qu'il n'y ait pas un seul Français qui n'en con-
naisse parfaitement les judicieuses et libérales
dispositions : « Louis, par la grâce de Dieu,
« Roi de France et de Navarre, à tous ceux
« qui ces présentes verront, salut. Rappelé,
par l'amour de notre peuple, au trône de nos
pères, éclairé par les malheurs de la nation
que nous sommes déstinés à gouverner, notre
première pensée est d'invoquer cette confiance mutuelle, si nécessaire à notre repos et
à son bonheur. Après avoir lu attentivement
le plan de Constitution proposé par le Sénat
dans la séance du 6 avril dernier, nous avons
reconnu que les bases en étaient bonnes ;
qu'un grand nombre d'articles portant l'em-

preinte de la *précipitation* * avec laquelle ils ont été rédigés, ils ne peuvent, dans leur forme actuelle, devenir loi fondamentale de l'Etat. Résolu d'adopter une Constitution libérale, voulant qu'elle soit sagement combinée, et ne pouvant en accepter une qu'il est indipensable de rectifier, nous convoquons pour le 10 du mois de juin ** de la présente année, le Sénat et le Corps législatif, nous engageant à mettre sous leurs yeux le travail que nous aurons fait avec une commission choisie dans le sein de ces deux corps, et à donner pour base à cette Constitution les garanties suivantes : Le gouvernement représentatif sera maintenu tel qu'il existe aujourd'hui, divisé en deux corps, savoir : le Sénat et la chambre composée des députés des départemens. L'impôt sera librement consenti ; la liberté publique et individuelle assurée ; la liberté de la presse respectée, sauf les précautions nécessaires à la tranquillité publique ; la liberté des cultes garantie ; les propriétés

---

* Français, à ce mot, jugez et reconnaissez l'excessive et généreuse indulgence de votre bon Roi !

** Par une déclaration du 31 mai, Sa Majesté a fixé la convocation dont il s'agit ; pour le 4 juin.

4

seront inviolables et sacrées ; la vente des
biens nationaux restera irrévocable ; les ministres, responsables, pourront être poursuivis
par une des chambres législatives , et jugés
par l'autre ; les juges seront inamovibles , et
le pouvoir judiciaire indépendant ; la dette
publique sera garantie ; les pensions, grades ,
honneurs militaires seront conservés , ainsi
que l'ancienne et la nouvelle noblesse. La Lé-
gion d'Honneur, dont nous déterminerons la
décoration , sera maintenue ; tout Français
sera admissible aux emplois civils et militaires ; enfin, nul ne pourra être inquiété pour
ses opinions et ses votes. Fait à Saint-Ouen ,
le 2 mai 1814 ; et plus bas, signé *Louis*.

A la lecture de cette proclamation, qu'on
ne saurait trop répandre dans toutes les villes
du royaume, l'espoir renaît dans tous les cœurs ;
et comme l'a franchement observé le brave
Roger, dans son *adhésion* qu'il a remise au Mi-
nistre de la Guerre, le 7 avril 1814 : « Si le 3
« mai, dit-il, l'enthousiasme a été porté à son
« comble, lorsque nous avons reçu dans nos
« murs le frère de l'infortuné Louis XVI, c'est
« que, dès le matin, on avait publié dans Paris
« la déclaration de Sa Majesté sur les bases
« de la Constitution qu'elle destine aux Fran-

« çais, véritable Pacte de famille entre la Na-
« tion et le Monarque. Chacun se dit alors :
« Oh! voilà bien le descendant de notre bon
« Henri IV ; c'est l'olivier à la main qu'il ren-
« tre dans sa patrie ; séchons nos larmes,
« banissons pour jamais de nos cœurs les dé-
« fiances, les inquiétudes et les trop justes
« allarmes que nous avait inspiré le projet
« constitutionnel présenté au Sénat par l'ex-
« Gouvernement provisoire. Oui, conti-
« nue l'austère et vertueux Roger, avec
« une martiale et patriotique assurance, les
« Français du dix-neuvième siècle chériront
« Louis XVIII, leur Roi et leur père ; mais
« toutes les armées réunies des Puissances de
« l'Europe n'auraient pu leur faire accepter
« un *maître*. » Poursuivons.

C'est le 3 mai, à huit heures du matin, que
Sa Majesté part de Saint-Ouen, accompagnée
de tous les premiers corps de l'État : une foule
immense de citoyens de tout sexe, de tout
âge, de toute profession, venus des campagnes voisines et des départemens environ-
nans, se réunissent sur le passage du Roi, et
préludent au concert d'acclamations et d'hommages qu'elle allait entendre de tous les points
de la capitale. Un détachement de la garde

nationale à cheval et de troupes de ligne ou-
vrent la marche : suivent les voitures pour les
ministres provisoires ; M. l'archevêque de
Rheims, grand aumônier ; M. le duc de Duras,
premier gentilhomme de la chambre du Roi ;
M. le duc de Brancas, grand maître de la
garde-robe du Roi, et le grand maître des cérémonies dans la même voiture ; la voiture
du Roi, dans laquelle Sa Majesté, madame la
duchesse d'Angoulême ; S. A. R. *Monsieur*,
à cheval, était accompagné d'une partie de
MM. les maréchaux de France et colonels-
généraux ; M. le duc de Grammont et M. le
duc d'Havré, comme capitaine des gardes de
S. M., se tenaient également aux portières de la
voiture du Roi ; le préfet de la Seine, accompagné du corps municipal et des maires de
Paris, a l'honneur d'adresser la parole au Roi.

Nous aurons d'autant plus de satisfaction a
rappeler au souvenir du lecteur, le discours
sentimental et touchant de M. Chabrol, qu'au
lieu d'entretenir Louis XVIII, à l'exemple
de Son Altesse Sérénissime Monseigneur le
prince de Bénévent, vice grand électeur, de
circonstances difficiles (6), où certes l'on ne
se trouve pas, et d'une *autorité royale puissante*, qui ne doit au contraire être que libé-

rale et paternelle, M. Chabrol se borne à exprimer au Roi les vrais sentimens dont sont
animés les Parisiens et tous les Français , et à
se réjouir, sans DIFFICULTÉ, avec eux, du
bonheur de voir, d'entendre et d'admirer un
Roi qui sait mieux que M. de Talleyrand et
tous les princes de la *facture* de Buonaparte,
que la puissance d'un Monarque n'est jamais
moins chancelante ni plus vénérée qu'alors
que celui qui l'exerce entend assez bien ses
propres intérêts et ceux de sa gloire, pour ne
vouloir *régner que par des lois justes et à
l'ombre d'une Constitution sagement combinée.* « Sire, dit au Roi M. Chabrol, le corps
municipal de la ville de Paris, dépose aux
pieds de Votre Majesté, les clefs de la capitale du royaume de Saint-Louis. Le ciel, dans
sa clémence, nous rend enfin nos Rois, et accorde un père aux vœux des Français. Il en-
vironne le trône de tout ce que la dignité, le
malheur et la vertu eurent jamais de plus auguste ; et le souvenir des maux passés vient
s'y joindre encore, pour l'entourer plus étroi-
tement de l'amour et de la vénération des peuples. La France , sous l'antique bannière des
lys, voit combler ses espérances ; et pour premier bienfait, la paix du monde signale le re-

tour des Bourbons. Sire , amour , respect , fidélité inviolable au sang de nos Rois, voilà le sentiment unanime des habitans de la ville de Paris et de toutes celles du royaume. Repos , conciliation et bonheur , tel est le besoin et le vœu de leur cœur, que les discours paternels de Votre Majesté ont déjà réalisés. Que n'attendent-ils pas d'un prince renommé par sa haute sagesse, par sa tendresse inaltérable pour les Français qu'il rapproche tous et sans cesse de son cœur, et si justement admiré par ses rares et sublimes vertus! L'image d'Henri IV, dérobée si long-temps à nos regards , reparaît dans ce jour solemnel. Elle nous rappelle des temps d'orages auxquels succédèrent bientôt ceux de la félicité publique. Son règne recommence aujourd'hui ; la France , heureuse par sa confiance et son amour, tourne aussi ses regards sur ses princes chéris , sur une princesse auguste dont le nom réveille tant de sentimens et d'émotion , et s'écrie dans des transports de joie et d'attendrissement : *Vive le Roi ! Vivent les Bourbons !* »

Que ce discours, qui parle au cœur, à l'esprit et à la raison, est sublime et touchant! Il n'y est question ni de circonstances DIFFICILES , ni d'autorité royale PUISSANTE ou formidable ; aussi a-t-il fait l'impression la plus vive et la plus profonde, tant sur le Monarque auquel il était adressé, que sur les citoyens de tout sexe, de tout âge et de tout rang, qui ont eu le plaisir de l'entendre.

Français ! dont les vœux impatiens n'ont cessé, depuis vingt-deux ans, de presser le retour de votre Roi, lisez attentivement sa réponse, et vous vous convaincrez que le génie, les vertus et la sensibilité de ce bon Monarque s'y retracent à chaque mot : « Enfin, dit Sa Majesté, me voici dans ma bonne ville de Paris ; j'éprouve une vive émotion du témoignage d'amour qu'elle me donne en ce moment : rien ne pouvait être plus agréable à mon cœur * que de voir relever la statue de celui de mes nobles aïeux dont le souvenir m'est le plus cher. »

Après le discours et la réponse que nous venons de rapporter, le cortège se rend à la Cathédrale, où l'on chante le *Domine salvum fac Regem,* et un *Te Deum.* La cérémonie religieuse terminée, le cortège se remet en

---

* On sait que les Parisiens, en l'absence de *Monsieur* et de Louis XVIII, ont eu l'honneur et la gloire de prévenir et de réaliser les vœux du petit-fils d'Henri IV.

marche, et se rend au palais des Tuileries. —
Nous n'essayerons pas de décrire l'effet de
cette entrée du Roi dans la capitale, l'immense affluence des spectateurs qui se pressaient sur son passage, celle qui garnissait les
fenêtres et tous les lieux élevés. Dans le cours
de cette longue marche, magistrats, généraux, officiers, soldats, citoyens, officiers et
soldats des troupes alliées, tous ont prouvé
qu'ils n'avaient qu'un même sentiment, qu'ils
ne formaient qu'un vœu, qu'ils ne se livraient
qu'à une seule espérance, le bonheur du Roi
par le bonheur des Français. L'élan de l'enthousiasme, l'acclamation unanime et sans
cesse renouvellée de *vive le Roi! vivent les
Bourbons!* se communiquaient alternative-
ment des troupes aux habitans, et des habitans
aux braves soldats, auxquels Paris, dans cette
grande journée, s'est plu à rendre un touchant
hommage d'admiration et de reconnaissance
pour ses longs et glorieux travaux, qu'une
paix solide va enfin couronner. — Aux cris
de *vive le Roi!* se joignaient, sur le passage
de ces corps, des acclamations qui les dési-
gnaient avec éloge : officiers et soldats répon-
daient, avec encore plus d'énergie : *Vive le
Roi! vive la Garde nationale! vivent les*

Habitans de Paris! Jamais un sentiment plus naturel ne s'était si vivement manifesté, jamais l'amour et la félicité du Monarque, l'honneur du nom français et l'attachement à la patrie, ne s'étaient confondus dans une expression si touchante et si unanime. — C'est sur-tout au moment où le cortège s'est approché du lieu où venait d'être relevée la statue de Henri IV, que l'entousiasme s'est porté à un degré vraiment inexprimable. Le Conservatoire, réuni au pied de la statue, faisait entendre l'air national consacré à la mémoire et à l'éloge du bon Roi : le peuple et les soldats le répétaient en chœur. — La voiture de Sa Majesté s'est arrêtée quelque temps à cette place. Le Roi a paru lire avec attendrissement cette belle et simple inscription, mise sur le piédestal :

Ludovico reduce
Henricus redivivus,

et celles des deux temples élevés près de la statue : *A la concorde des Français, à la paix des nations.* — Le Roi est arrivé aux Tuileries vers six heures. Une foule considérable remplissait le Carousel, la cour du palais, le jardin et les terrasses. Le Roi, Madame la duchesse d'Angoulême et les Princes ont cédé aux vœux empressés dont ils entendaient les signes éclatans : ils se sont montrés à plusieurs reprises aux balcons des grands appartemens, et ont répondu aux témoignages de l'allégresse publique, par ceux de la plus touchante bienveillance et de la plus profonde sensibilité. — A la nuit, la ville entière s'est trouvée illuminée spontanément, simultanément et sans autre ordre que celui dicté par le cœur. Les édifices publics l'étaient très-richement, et les maisons particulières , sans exception, même dans les quartiers les plus éloignés du centre : des inscriptions, des devises, des transparens , offraient de toutes parts l'expression ingénieuse des sentimens publics. — A neuf heures, un beau feu d'artifice a été tiré sur le pont Louis XVI, et ce n'est qu'après avoir répondu aux acclamations qui le saluaient de nouveau, que Sa Majesté est rentrée dans ses appartemens. La journée avait été d'une beauté parfaite ; la nuit alors calme, le temps pur et serein. Paris est resté long-temps comme une vaste promenade livrée, sans le moindre désordre, à toutes les démonstrations de l'allégresse populaire et de la félicité publique.

Le 5 mai, Louis XVIII informe les Français qu'il s'est fait représenter les conventions passées entre la France et les Hautes-Puissance alliées, le 23 avril dernier, et ratifiées le 25 du même mois, par son auguste et très-cher frère *Monsieur*, lieutenant-général du royaume pendant son absence; qu'il y a vu, avec la plus vive satisfaction, que l'intention des Hautes-Puissances avait été, comme elles s'en sont elles-mêmes expliquées, de faire jouir, autant que possible, la France des bienfaits de la paix, même avant que les dispositions en eussent été arrêtées; que c'était à tort que des commandans ou des intendans des Puissances alliées continuaient à requérir des contributions de guerre, ou d'exercer des réquisitions trop étendues; et que, d'après ces puissans motifs, il faisait très-expresses défenses d'obéir, prêter les mains ou autrement obtempérer aux réquisitions qui avaient été ou seraient faites directement, en France, par les commandans ou intendans des Puissances alliées, postérieurement à la notification des conventions du 23 avril dernier : mais qu'il recommande, au surplus, à tous les Français, d'aider les autorités publiques à pourvoir à la subsistance et aux besoins des troupes alliées, et de témoigner aux officiers et soldats de ces troupes, les sentimens dont lui-même est animé pour les Souverains dont elles dépendent.

Le 6 mai, tous les membres du Sénat, impatiens d'offrir de nouveau leurs hommages à Louis XVIII, le supplient d'agréer l'expression de leur respect, de leur amour et de leur fidélité, et ajoutent que leur confiance dans la tendresse paternelle de Sa Majesté pour le Peuple français est sans bornes. Eh ! continuent les Sénateurs, par le ministère et l'organe de M. Barthélemi leur président, quelle confiance fut jamais plus légitime, puisque nous l'exprimons au digne fils d'Henri IV, à l'héritier de la noble et antique race des Bourbons, qui, depuis tant de siècles a fait la gloire et le bonheur des Français !

Le même jour et à la même heure, M. Félix Faulcon, vice-président du Corps législatif, pénétré du même respect, du même amour et de la même confiance que le Sénat, lui dit : « Sire, des députés pris parmi nous ont été admis à l'honneur de vous complimenter à Saint-Ouen ; aujourd'hui, pénétrés des douces espérances que la déclaration de votre Majesté a fait naître dans tous les cœurs, nous venons vous offrir l'hommage de nos respects. » —

« Messieurs, répond Louis XVIII, je vous remercie des sentimens que vous m'exprimez ; je tiendrai la promesse que je vous ai faite , ainsi qu'à tous les Français, et vous pouvez compter que je me concerterai toujours avec les grands corps de l'Etat, sur les moyens les plus propres à rétablir le bonheur de la France. »

Le 9 mai, Louis XVIII fait une proclamation par laquelle , après s'être applaudi, en remontant sur le trône de ses ancêtres, d'avoir *retrouvé ses droits dans l'union des Français*, Sa Majesté déclare, dans les termes les moins équivoques et les plus pathétiques, que « son cœur s'est ouvert tout entier aux sentimens que Louis XII , le père du peuple et Henri IV, le bon Roi, ont jadis manifesté ; que son application constante au bonheur de la France , marquera aussi son règne ; que ses vœux les plus intimes sont de laisser, à son tour, des souvenirs dignes de s'associer à la mémoire de ces Rois , dont une bonté paternelle fut la première et la plus noble vertu ; qu'au milieu des acclamations unanimes et si touchantes pour son cœur, dont il a été accompagné des frontières du royaume, jusqu'au cœur de la capitale, il n'a cessé de porter ses

regards sur la situation de nos provinces et de
nos braves armées ; que l'oppression sous laquelle la France était accablée, a laissé après
elle bien des maux, dont il est vivement touché ; que la peine qu'il en éprouve est profonde ; mais que leur poids va chaque jour
s'alléger , attendu que tous ses soins y sont
consacrés , et que sa plus douce satisfaction
croîtra avec le bonheur de la France ; que
déjà un armistice, conclu dans les vues d'une
politique sage et modérée, fait sentir les
avantages précieux de la paix, et que le traité
qui la fixera, d'une manière durable, est l'objet
le plus assidu, comme le plus important de
ses pensées ; que , dans un court intervalle,
l'olivier, gage du repos de l'Europe, paraîtra
aux yeux de tous les Peuples qui le deman-
dent ; que la marche des armées alliées com-
mence à s'opérer vers nos frontières, et que
les augustes Souverains, dont les principes
ont été si généreux à son égard, veulent res-
serrer entr'eux et Sa Majesté, les liens d'une
amitié et d'une confiance mutuelle qui ne
pourra jamais recevoir d'atteinte ; qu'il sait
que quelques abus particuliers ont été connus,
et que des contributions ont frappé les départemens du Royaume depuis la conclusion de

l'armistice ; mais que les déclarations justes et libérales que les Souverains alliés lui ont faites à l'égard de ces abus, l'autorisent à défendre à tous les citoyens et habitans du Royaume, d'obtempérer à des réquisitions illégales et contraires au traité qui a stipulé la suspension générale des hostilités ; que toutefois sa reconnaissance et les usages de la guerre exigent qu'il ordonne à toutes les autorités civiles et militaires du Royaume, de redoubler de soins et de zèle pour que les vaillantes armées des Souverains alliés reçoivent avec exactitude, et abandonnent tout ce qui leur est nécessaire en objets de subsistances et des besoins des troupes ; et qu'enfin toutes les demandes étrangères à ces objets demeureront ainsi de nul effet, et les sacrifices conséquemment adoucis.—C'est d'après tous ces détails nécessaires et de la plus haute importance , dans lesquels Louis XVIII entre ainsi avec tous les Français , comme un père le ferait avec ses enfans, que Sa Majesté ajoute : «Français, vous entendez votre Roi, et il veut à son tour que votre voix lui parvienne et lui expose vos besoins et vos vœux ; la sienne sera toujours celle de l'amour qu'il vous porte : les cités les plus vastes, les hameaux les plus ignorés, tous les points du royaume sont également sous ses yeux, et il rapproche en même temps tous les Français de son cœur: il ne croit pas qu'il puisse avoir des sentimens trop paternels pour des peuples (7) dont la valeur, la loyauté et le dévouement à ses Rois, ont fait, durant de longs siècles, la gloire et la prospérité. »

Le 1o mai, Louis XVIII déclare qu'il a été affligé d'apprendre que, malgré les adoucissemens apportés à la perception des droits réunis, par l'ordonnance de son bien-aimé frère, lieutenant-général du royaume, en date du 27 avril dernier, cette perception éprouvait, dans quelques endroits, des obstacles aussi nuisibles à l'ordre présent qu'à l'intérêt des finances ; qu'on ne doit pas ignorer que l'Etat a des créanciers, des fonctionnaires, des armées, dont les intérêts lui sont aussi chers que ceux des contribuables ; que le Gouvernement a besoin de toutes ses ressources, et que ce n'est pas lorsqu'elles sont affaiblies par les malheurs de la guerre, qu'il peut en sacrifier une partie importante, sans s'assurer de son équivalent ; qu'ainsi le salut de l'Etat exige que toutes les lois sur les impôts existans soient respectées et maintenues, jusqu'à ce que d'autres lois procurent aux Français les soulagemens qu'ils réclament, et que les circonstances rendront possibles; qu'il se propose de changer, conjointement, avec le Corps législatif, le systême des droits réunis, afin d'écarter de l'impôt tout ce qui lui ôterait la modération d'une dette sacrée envers la patrie; que jusque-là il espère que, par suite de l'amour et de la fidélité dont les Français lui donnent de toutes parts des preuves si touchantes, ils acquitteront exactement et paisiblement tous les impôts directs et indirects actuellement établis; que les employés préposés à leur recouvrement ne seront pas troublés dans leurs fonctions, et que les autorités chargées de les protéger n'auront à réprimer ni à punir aucune atteinte portée contre elles.

Le même jour, 10 mai, la Cour de Cassation est admise à l'audience de Sa Majesté. Le discours qu'elle prononce nous ayant paru avoir le mérite du laconisme et celui d'un patriotisme austère et pur, nous allons le transcrire et le rapporter en entier. « Sire, dit M. Muraire, président, la Cour de Cassation était impatiente de venir en corps confirmer à Votre Majesté les sentimens dont une députation prise dans son sein a déjà déposé l'hommage aux pieds du trône. Sire, dévouement entier et sans bornes à votre personne auguste et sacrée ; justice à tous, fidélité inaltérable aux lois que nous sommes chargés de maintenir, et dont le dépôt devient pour nous d'autant plus honorable et plus sacré, que vous voulez régner par elles et avec elles. Tel est cet hommage le plus digne, et du Monarque qui le reçoit, et des magistrats qui le lui rendent, que nous renouvelons en ce jour, et que nous supplions Votre Majesté d'agréer. »

Ce discours, je le répète, est infiniment sage et fait honneur aux honorables membres composant la Cour de Cassation ; mais la réponse du Roi, que nous allons rapporter, suffirait à elle seule, j'ose le dire, pour donner une juste idée de son *cœur* et de son *esprit*. « Messieurs, a dit Sa Majesté, je reçois avec plaisir l'hommage des sentimens dont vous venez de m'offrir le tribut ; en retraçant vos devoirs, ils me rappellent les miens ; soyons-y tous fidèles. » Que de philosophie, que de magnanimité dans une pareille réponse, et combien elle est admirable !

Le 11 mai, le Roi rend une ordonnance

relative à la marine, ayant pour objet d'abolir pour toujours un système abusif et vicieux qui ne tendait en dernière analyse qu'à dénaturer la composition de l'armée navale par par une extension de principes, de formes et de dénominations uniquement appliquées à l'armée de terre.

Le même jour, Messieurs les lecteurs et professeurs au Collége royal de France, ont l'honneur d'être présentés à Sa Majesté, à qui ils exposent que dans les temps les plus difficiles *, les professeurs royaux n'ont pas suspendu leurs leçons. Instruire les hommes, ajoutent-ils à Sa Majesté, c'est les rendre meilleurs. Convaincus de cette vérité, Sire, nous avons rempli nos devoirs, en tenant notre enseignement au niveau des connaissances acquises, et quelquefois en y ajoutant par nos travaux ; mais il manquait à nos vœux

---

* Si les temps où nous avions le malheur et la honte d'exister sous un *Robespierre* ou sous un *Bonaparte* étaient *difficiles*, certes ceux sous lesquels nous avons le bonheur et la gloire de vivre aujourd'hui, sont doux et consolans. Comment se pouvait-il donc, je le répète, que le prince de Bénévent, vice-grand-électeur, eût pu dire, le 3 de ce mois, à notre bon Roi, que les *circonstances* où il se trouvait étaient *difficiles ?* etc.

la présence et l'appui spécial de l'auguste héritier des Rois fondateurs de notre collége ;
désormais, ils n'auront rien à désirer, si nos
efforts obtiennent la protection bienveillante
de Votre Majesté.

Que répond à ce discours Louis XVIII ?
Le voici : rien n'est plus simple assurément,
ni plus laconique, mais en même temps rien
de plus judicieux ni de plus satisfaisant :
« Messieurs, dit le Roi, la fondation du collége royal est un des beaux titres de gloire de
François Ier. J'agrée les sentimens que vous
venez de m'exprimer : vous pouvez compter
sur ma protection. »

Les membres de la société d'agriculture du
département de la Seine, après avoir rendu
compte à Sa Majesté des travaux auxquels ils
se sont livrés pendant seize ans, s'expriment
et finissent en ces termes : « Voilà, Sire, une
partie des efforts que la société à faits dans des
temps bien orageux ; que ne fera-t-elle pas sous
le Gouvernement tutélaire d'un père de famille qui nous est enfin rendu, pour éclairer
et animer la classe la plus utile et la plus nom-
breuse des Français, les hommes des champs ?
ce sont eux, Sire, dont les bras doivent re-
mettre en valeur le sol dévasté de la patrie ; ce

sont leurs sueurs qui doivent 'en cicatriser les plaies ; Sire, vous le savez, puisque vous êtes Roi, et que toutes les sciences vous sont également familières ; les peuples ne sont riches et heureux que par la charrue, mais la charrue ne marche qu'autant qu'elle est encouragée. Sous les rayons vivifians du soleil, il n'y a point de végétation ; sans les regards paternels d'un bon Roi, il n'y a point de prospérité agricole *.

A peine M. François de Neuf-Château a-t-il fini de parler, que Louis XVIII, doué d'une mémoire peu commune, et d'une présence d'esprit qui tient vraiment du prodige, improvise la savante et belle réponse que voici : « Messieurs, je n'ai point oublié qu'il y a vingt-huit ans, mon auguste frère vous chargea spécialement de mettre, de plus en plus en honneur, l'agriculture, le premier des arts et la source de la félicité et de la prospérité publiques. En vous félicitant d'avoir été fidèles à votre

---

* François de Neuf-Château, cette comparaison des *rayons vivifians* du soleil avec les *regards paternels* d'un bon Roi, vous fait honneur ; d'abord, parce qu'elle est vraie, et en second lieu, parce qu'elle est ingénieuse et très-bien présentée.

institution, et de n'avoir cessé de travailler ,
au milieu de tous les obstacles de la tourmente
révolutionnaire , je ne vous cacherai pas que
je me suis amusé, dans mon exil, et à une
époque ou je n'avais encore aucune connaissance des seize volumes que vous avez publié,
à faire plusieurs expériences qui m'ont convaincu de la justesse et de la vérité de vos
principes et de vos procédés, concernant les
jachères, l'extension des prairies artificielles ,
la naturalisation des arbres exotiques, la multi-
plication des abeilles et des mérinos ; les progrès de la médecine vétérinaire , la meilleure
distribution des propriétés et des construc-
tions rurales, les perfections des instrumens
aratoires, et enfin les secours merveilleux et
inconnus aux anciens, d'une plante du Nouveau Monde, nommée aujourd'hui *Parmen-
tière*, du nom de celui de vos membres qui a
le plus contribué à en répandre la culture. Re-
cevez, Messieurs, mes justes félicitations sur
les utiles et glorieux travaux que vous avez
entrepris avec tant de succès , pour soustraire
l'espèce humaine au fléau de la disette , écarter les maux qui nous assiègent , augmenter la
masse de nos puissances , embellir le songe de
notre vie , pour élever, pour perfectionner

notre espèce et celle des animaux. Comptez, Messieurs, sur ma constante protection, comme sur mon estime la plus parfaite. »

Le 13 , le Roi adresse une lettre aux archevêques et évêques du royaume, par laquelle il leur ordonne de faire chanter un *Te Deum* en action de grâce des évènemens miraculeux qui ont réintégré Sa Majesté sur le trône de ses ancêtres.

Le même jour M. Ducis, le vénérable M. Ducis, de l'ancienne Académie française et de l'Institut, autrefois secrétaire de S. A. R. *Monsieur*, est admis à l'honneur d'offrir à Sa Majesté l'hommage du recueil de ses œuvres. Ayant dit au Roi qu'il se plaisait à croire que Sa Majesté n'aurait pas oublié les traits d'un de ses plus anciens serviteurs, S. M., qui avait agréé la dédicace de ses œuvres, avec une extrême bonté, ajouta : « Voici « une preuve que je m'en souviens ; et de suite, avec un sentiment et une grâce inexprimables, le Roi a prononcé de mémoire devant l'auteur d'*OEdipe chez Admète* , ces quatre vers :

Oui, tu seras un jour chez la race nouvelle,
De l'amour filial le plus parfait modèle;
Tant qu'il existera des pères malheureux,
Ton nom consolateur sera sacré pour eux.

En terminant ainsi l'historique des faits précieux et des évènemens remarquables dont les citoyens et habitans de la ville de Paris ont eu le bonheur d'être les témoins, ainsi que nous, il est à propos d'observer qu'après avoir récité, avec un sentiment et une grâce inexprimables, les quatre vers d'*OEdipe chez Admète*, le Roi a ajouté des expressions pleines de bienveillance et on ne peut pas plus flatteuses, mais en même temps bien méritées, à la louange de l'excellent poëte, du vrai philosophe et du citoyen vertueux et vénérable, à qui le Monarque les a adressées.

FIN.

NOTES.

(1) Sɪ M. C. H. de Saint-Simon, qui croit descendre de Charlemagne par les comtes de Vermandois, a *cer-tifié*, dans une épître dédicatoire qu'il a adressée, il y a six ou sept ans, à son neveu Victor de Saint-Simon, « qu'à l'époque de la plus cruelle révolution, et pendant « une nuit de sa détention au Luxembourg, Charle- « magne lui est apparu, et lui a dit : Depuis que le « monde existe, aucune famille n'a joui de l'honneur « de produire un héros et un philosophe de première « ligne, cet honneur était réservé à ma maison ; et « qu'aussitôt Charlemagne ait disparu en disant à « M. C. H. de Saint-Simon : *Mon fils, tes succès,* « *comme philosophe, égaleront ceux que j'ai obtenus* « *comme militaire et comme politique ;* » il me semble que l'Aristarque le plus sévère voudra bien m'excuser d'avoir supposé dans cette brochure, que Louis XVI, frère de notre auguste Monarque, avait *apparu* à Buonaparte dans la nuit du 30 au 31 mars, et qu'ensuite il était *disparu* en lui disant :

Tyran descend du trône, et fais place à ton maître.

(2) M. Grégoire, sénateur, après avoir observé, p. 5 de sa libérale et très-savante brochure, que plusieurs membres du Sénat avaient demandé un délai, et que loin de l'accorder, les membres du Gouvernement pro-

visoire se sont refusé même à ce que le projet de constitution fût imprimé et distribué avant la discussion,
pour laisser à chacun le temps de le méditer, M. Grégoire ajoute : « Obéir n'est pas approuver ; et lorsqu'il
« était notoire à tout le Sénat qu'au moins un membre
« avait voté contre divers articles, sur-tout contre le
« sixième, qui a pour objet la composition de ce corps,
« fallait-il imprimer, dans le *Moniteur* du 7, que la
« charte avait été *adoptée à l'unanimité.* »

(3) *Monsieur*, en sa qualité de Lieutenant-Général
du royaume, ayant expressément et formellement déclaré, le 14 de ce mois, au Corps législatif et au
Sénat, que Louis XVIII, son auguste frère, n'a-
dopterait d'autres bases que celles qui lui paraîtraient
essentielles et nécessaires pour « consacrer tous les
« droits, tracer tous les devoirs, assurer toutes les exis-
« tences, et garantir notre avenir, » n'est-ce pas comme
si S. A. R. avait dit, en d'autres termes : « Vous auriez
« dû savoir que mon frère ne veut régner que par des
« lois justes, et à l'ombre d'une Constitution sagement
« combinée, qui soit en rapport avec les lumières ac-
« tuelles. Pourquoi donc, au lieu d'avoir rempli ses
« intentions, les miennes, celles des Bourbons et des
« Français, l'ex-gouvernement provisoire s'est-il permis
« d'enfanter, de rédiger, de proposer et de faire décré-
« ter un projet de Constitution, qui n'est propre, en
« dernier résultat, qu'à fouler aux pieds les droits du
« peuple français, détruire de fond en comble toutes les
« institutions libérales, porter la consternation, l'épou-
« vante et l'effroi dans l'ame de tout citoyen ami d'un
« gouvernement légitime, et exposer infailliblement

« vingt-trois millions d'hommes aux mêmes horreurs
« que celles dont ils ont été les victimes, eux, leurs pères
« et leurs enfans , pendant vingt-trois années entières
« et consécutives ? »

(4) On n'a point oublié, sans doute , que Son Excellence Monseigneur de Fontanes, recteur de l'Université
et membre du Sénat, ayant, à l'exemple des autres
corps du défunt Empire, complimenté, félicité et en-
censé Buonaparte , à son retour de Moscou , et ne sa-
chant, malgré les rares talens dont la nature l'a pourvu
pour flagorner les despotes et avilir les nations, que dire
de nouveau à son *maître,* lui donna l'assurance la plus
formelle que l'instruction qu'on propagerait à l'avenir,
dans les écoles de l'Université, ne tendrait qu'à faire de
bonnes gens , c'est-à-dire de vraies brebis toujours
prêtes à se laisser dépouiller de leur toison, et même à
se faire égorger au besoin, et qu'en conséquence la jeu-
nesse ne serait plus instruite qu'à l'école des BONNES
LETTRES.

(5) « La nouvelle Constitution de l'ex-gouvernement
« provisoire,» dit je ne sais quel auteur anonyme, dans
une brochure relative à la prétendue *justification* de
son Excellence Monseigneur le Duc de Caulaincourt,
« est l'objet du mépris et de la juste exécration des
« Français. Elle a été brûlée dans le midi; à Bordeaux,
« en plein théâtre; à Nantes, par la main du bourreau.
« On ne sait ces choses que par des voyageurs et des
« lettres particulières; aucun journal *n'a osé* * en parler.

---

* Il fallait dire *n'a pu;* l'expression eût été bien meilleure,
parce qu'elle aurait été plus vraie.

« Pourquoi donc vouloir enchaîner l'opinion, imposer
« silence sur la manifestation du vœu de la France en-
« tière, pour que cet acte éprouve de grandes modifica-
« tions ? » Si l'auteur de la brochure dont il s'agit veut
avoir la solution du problême qu'il propose, il faut, de
toute nécessité, qu'il s'adresse, je ne dirai pas aux
espions de police et aux mouchards de l'opinion qui
s'établissent, *depuis le 6 avril dernier,* à poste fixe, chez
tous les imprimeurs de la capitale, mais à ces Machiavels tortueux, à ces Prothées perfides, à ces Caméléons
infâmes, que j'ai signalés dans mes trois dernières
brochures, et qui sont assez sots, malgré leur finesse et
tout leur génie, pour se persuader que le seul moyen
de conserver aujourd'hui leurs *comtés,* leurs *duchés* et
leurs *principautés,* est de mettre, *per fas et nefas,*
toutes les entraves possibles et imaginables à la liberté
de la presse.

(6) J'ai lu, avec autant de plaisir que d'intérêt, tous
les discours que les premiers corps de l'Etat ont adressé
au roi ; mais ce qui m'a paru vraiment miraculeux,
c'est cette grâce enchanteresse, cette éloquente facilité,
cette profondeur admirable et sublime avec lesquelles
Louis XVIII improvise toutes ses belles réponses, et sur
toutes sortes de matières. En admirant à si juste titre
les rares et puissans moyens de ce Monarque, dont la
tête est aussi forte que les jambes sont faibles, la raison,
la justice et la vérité exigent que je relève une erreur, on
ne peut pas plus grossière, qui s'est glissée dans l'impression du discours qu'a prononcé, le 3 mai, son Altesse
Sérénissime Monseigneur le prince de Bénévent, vice
grand-électeur et président du Sénat. Au cinquième pa-

ragraphe de ce discours, on y lit : « Sire , plus les circonstances sont *difficiles,* plus l'autorité royale doit être *puissante.* » Mais une preuve incontestable et sans réplique
qu'il y a *de toute nécessité,* ainsi que je viens de le faire
pressentir, une faute très-grave dans l'impression dela
phrase ci-dessus, c'est qu'en supposant le contraire par
impossible , il s'ensuivrait que S. A. S. le prince de
Bénévent, l'un des plus grands diplomates de l'Europe,
et l'homme le plus fin de l'univers , en eût commis lui-
même une majeure, et tout-à-fait inexcusable, dans le
point de fait et dans le point de droit : dans le point de
fait, parce que les circonstances actuelles, loin d'être
difficiles, sont au contraire infiniment heureuses, et
très-heureuses pour tous les Français ; dans le point de
droit, parce que le Roi ne veut régner que par des lois
justes , sages, en rapport avec les lumières actuelles, et
que ce Monarque , aussi populaire qu'éclairé, sait très-
bien, et mieux que personne, que l'autorité royale n'est
jamais plus forte et plus durable que lorsqu'au lieu
d'être *puissante* et *formidable,* elle est au contraire
libérale et *paternelle.*

(7) Je ne dissimulerai pas qu'il y a quelques jours j'ai
été saisi d'indignation à la lecture du Journal des
Débats *, lorsque je me suis convaincu qu'un certain
Monsieur *A*, rédacteur du feuilleton de ce journal,
avait poussé l'ignorance ou la mauvaise foi jusqu'à
prétendre que le *peuple français* était l'auteur des
infortunes royales et de tous les *crimes* commis depuis

---

* *Voyez* le Feuilleton du 18 mai , à la onzième ligne du
recto de la première page.

la révolution. Eh ! quoi, l'ignorance ou la mauvaise foi se permettront-elles donc toujours de calomnier et d'outrager le *peuple ?* Ah! qu'il apprenne, ce Monsieur *A,* que le *peuple* doit nécessairement avoir plus de qualités morales qu'une infinité de personnes connues sous la dénomination de *gens comme il faut,* puisqu'heureusement pour lui, il n'a besoin de recourir ni à l'intrigue, ni à la bassesse, ni à l'immoralité, ni à la fourberie, ni à tous les vices enfin dont il est nécessaire, et sur-tout sous des Dictateurs ou des Rois, tels qu'un Robespierre ou un Buonaparte, que la majeure partie des *gens comme il faut* soient abondamment pourvus, à l'effet de parvenir aux premières places de l'Etat ; qu'il apprenne, ce Monsieur *A,* que ce n'est assurément pas le *peuple* qui a rendu tous ces fameux décrets des 20 février et 29 mars 1793, qui ont déclaré formellement qu'il fallait que la terreur fût mise à l'ordre du jour pour épouvanter les malveillans, les conspirateurs et les traîtres, et les mettre hors de la loi ; qu'il apprenne, ce Monsieur *A,* que ce n'est pas le peuple qui, après avoir idolâtré et assassiné Robespierre, a ensuite intrigué, cabalé et fait les cents coups, pour élever à l'Empire le même individu qu'ils avaient d'abord proclamé Consul ; qu'il apprenne, ce Monsieur *A,* que ce n'est pas le peuple qui, dans l'espoir d'être *comte, duc* et même *prince,* a donné des ordres pour violer le droit des gens, saisir le duc d'Enghien et lui arracher ignominieusement la vie ; qu'il apprenne que ce n'est pas le peuple qui a, pendant quinze ans, conseillé ou permis à Buonaparte de fouler aux pieds ses droits inaliénales et sacrés, détruire les institutions libérales, écraser la nation d'impôts, et faire périr plus de quatre millions de braves soldats ; qu'il apprenne , ce Monsieur *A,* que les plus puissans Monarques de la terre, et Louis XVIII, sont assurément bien loin d'imputer *au peuple,* c'est-à-dire à l'universalité de la nation française, les *infortunes royales* et les *crimes* commis depuis la révolution jusqu'à nos jours, puisque l'empereur Alexandre a dit, le 2 du mois d'avril : « Il est juste , il est sage de donner au *peuple français, dont je suis l'*AMI, des institutions fortes et libérales, etc. etc. etc. ; » puisque les premières paroles de Loûis XVIII , en débarquant à Boulogne , le 26 avril dernier, ont été celles que voici : *Que je suis heureux! me voilà donc enfin au milieu de mes* ENFANS! Puisque le 10 de ce mois Louis XVIII , après avoir déclaré aux Français qu'*il les rapprochait tous de son cœur,* a ajouté : *Je ne puis avoir des sentimens trop paternels pour des peuples dont la valeur, la loyauté et le dévouement à ses Rois ont fait, durant de longs siècles, la gloire et la prospérité.* Qu'il apprenne enfin, ce Monsieur *A,* que si je veux bien , par excès d'indulgence, ne pas le confondre avec « cette vile « canaille de folliculaires qui déshonorent le nom fran- « çais, » ainsi que s'en explique énergiquement le brave et austère *Roger,* je ne suis que trop bien autorisé à lui dire *tout au moins,* avec le bon La Fontaine : *Monsieur A ,*

Quittez-moi votre serpe , instrument de dommage.

FIN DES NOTES.